Prefazione

Due amici: Beppe e Mario entrambi esperti e noti medici, figli di eminenti famiglie lucchesi: I Francesconi originari di Vorno ed i Giannini di San Cassiano di Controni, hanno continuato tra loro la bella amicizia che già esisteva tra i padri, e dovendo ormai abbandonare per limiti di età la loro professione di medici, si sono dedicati alla scrittura, e dalla loro collaborazione è nato questo libro.

Introduzione

Elenco dei luoghi dove vennero compiuti i misfatti, non in ordine di gravità, ma puramente cronologico:

Il primo, con scasso esterno, avvenne nel Novembre 1839 all'abitazione della famiglia Barsotti a Marlia.

Il 18 Febbraio 1842 furto nella canonica della Badia di Cantignano, con minacce e violenza al Parroco Papeschi ed alla perpetua Vannucci.

Segue il 27 Luglio 1842 il furto nella sagrestia della chiesa di Castagnori eseguito da sei malviventi con scasso interno, notturno, sacrilego e con gravi minacce e percosse al Rettore, alla di lui sorella ed alla perpetua.

Nella notte del 23 Agosto '42 altro grave crimine compiuto da quattro malfattori a Vorno ai danni della famiglia Mennaccini nella loro casa situata isolata in una selva. Anche qui: furto notturno con minacce e percosse e addirittura con stupro di una fanciulla quindicenne!

Seguono altri furti compiuti alla Rocca, Monti di Villa, San Pietro a Vico, Tereglio, Limano e Castagnori.

O TEMPORA O MORES

Antiche Cronache di Lontana Criminalità
Anni Domini 1838-1842

In Val di Lima e Piana Lucchese

(che purtroppo si ripetono ai giorni nostri centuplicate e con disumana violenza)

GIUSEPPE FRANCESCONI

E

MARIO GIANNINI

DEDICA

A tutti i nostri Amici

©MarioGiannini 978-0-244-47733-2

PARTE PRIMA

GIUSEPPE FRANCESCONI

Trascrivo qui fedelmente quanto da me già pubblicato nel mio libro: "Juvenilia" edito dalla P.Fazzi, relativamente ai furti avvenuti a danno della chiesa di Vorno e della Badia di Cantignano.

Forse qualcuno mi domanderà perché questa eccezione? Perché secondo me le eccezioni sono il sale che condisce la nostra vita che altrimenti sarebbe blanda ed insipida.

Nella mia lunga feria da "ritirato" mi sono trovato a rileggere la storia della

"Causa completa di Furti Violenti".

Questa fu discussa e decisa dai Tribunali Criminali del Ducato di Lucca nell'anno 1845, suscitando un gran clamore tra i cittadini, perché la sentenza imponeva ai condannati l'esecuzione capitale. Secondo le leggi dell'epoca solo il Duca Ludovico aveva il potere di concedere Grazia. Ma questi, dopo lunghi tentennamenti, con spagnolesca logica, affermò che la cautela vince sulla clemenza in quanto che una grazia immediata sarebbe stata una ingiustizia.

Lascio a Mario il compito di descrivere gli altri gravissimi reati attribuiti alla banda, mentre io sono rimasto colpito in particolare dai due avvenuti alla Stanghetta di Vorno ed a Badia di Cantignano, che mi appresto qui a descrivere:

VORNO

In una casa alquanto isolata posta nel monte di Vorno, nel luogo detto "alla Stanghetta", vivevano a quell'epoca due vecchi e pacifici abitanti: Elisabetta e Marco Mennaccini. Questa casa era situata in mezzo ad una selva di castagni, isolata e solitaria, essendo distante circa un quarto di miglio dalle altre abitazioni. Oggi si può raggiungere facilmente in auto, ma, a quel tempo, solo attraverso una mulattiera in salita che partiva da cima Vorno. Alla prima ora vespertina "un'or di notte", i briganti armati di lunghi coltelli e di pistole, muniti di due "lanterna cieca", detta "da famigli", levatesi le scarpe e postele nelle rispettive "catane", bendatisi i volti con fazzoletti per mantenersi sconosciuti, iniziarono la loro lungamente programmata rapina. S'imbatterono in Marco, e con la forza spinsero lui e la sua sposa in casa.

Al petto i due coniugi si videro puntate le armi ed alle loro orecchie suonarono orrende minacce di morte , se non avessero consegnati i denari, che secondo certi delatori dovevano esserci. Si sapeva in paese che il Mennaccini aveva portato del grano al molino a Vorno, e che avesse riscosso una certa sommetta.

Alla ricerca del denaro cominciarono a sdrucire il pagliericcio ed a vuotare la sacca del frumento per vedere se tra le "grasce" (vettovaglie da *crassus*) si trovassero i vari scudi nascosti ed impossessarsi di quanto in monete, in bigiotterie ed in "lingi" (lingeria , adattamento del francese lingerie) cadesse sotto le loro mani.

Delusi per lo scarso bottino: (10 Francesconi, 8 Napoleoni da 5 Franchi, un tovagliolo, un coltello serratojo, un pane ed alcune forme di cacio, anche se a Elisabetta furono tolti tutti gli ori, sicuramente pochi – l'anello nuziale e gli orecchini-, alcune pezze da capo e da naso). Legarono e bastonarono l'uomo e la donna alla quale, "con pesante mano battuta" fecero perdere nell'atto i due soli denti che le rimanevano.

Erano le ore due di notte quando i malandrini si determinarono di abbandonare la casa saccheggiata, quando "volle sinistro deprorabil caso" che passassero di colà Gioconda e Maria, madre e figlia di Francesco Olivieri, reduci dal pascolare il gregge che al sopravvenire delle ombre maggiori avevano chiuso nell'ovile. Le due Olivieri, per parentado congiunte ai coniugi Mennaccini, sostarono come ogni sera per augurar la "felice notte".

In luogo della consueta gradita risposta, tre degli sbirri si fecero con furia incontro a quelle donne, spacciandosi per contrabbandieri, ricercati dalla "Carabineria" chiedendo se "altri" poi le seguissero. Ambedue, ghermite e spinte entro casa, furono legate strettamente nelle braccia. La madre fu gettata a terra, coperta al pari (uguale alle altre due persone) a fianco dei due coniugi, mentre alla figlia altra sorte occorse: in età fiorente e di vaghe sembianze, "l'onesta zitella (nel senso antico di donna non maritata), della fresca età di anni 15, invano resistette e con ogni sua forza opponentesi", fu dai due felloni trascinata in altra stanza. "Colà invita" (=contro voglia), perché da violenza fisica persino di spontaneità privata, fu strumento di laide voglie. Lacerante fu il supplizio della madre che non poteva recare "veruna aita", costretta ad assistere al sacrificio della figlia "in balìa di lussuria senza freno" Sull'azione dei due impurissimi verri e sulle tracce lasciate, comanda "decenza". I tre lestofanti si spartirono il mal tolto, in parte perduto lungo la via della precipitosa fuga notturna, rifugiandosi su un colle tra Coselli e Vorno, con ogni probabilità: il Colletto, che da sempre ha unito i due paesi.

BADIA DI CANTIGNANO

Anche se meno drammatico, forse per l'età avanzata della serva, più che settuagenaria, ma altrettanto interessante appare l'episodio dell'aggressione alla Canonica di Badia di Cantignano.

Il tutto volevasi commettere durante il Carnevale 1842, ma poiché era caduta la neve, fu rimandato, perché questi scaltri manigoldi temettero che le impronte sulla neve potessero far loro danno, per cui l'impresa fraudolenta fu "procrastinata", in attesa di un tempo più acconcio e l'arrivo di qualche altro complice.

Ben informati su ogni dettaglio dell'azione, organizzati sempre come un piccolo, agile commando, usarono la scaltrezza per entrare "senza scasso" in canonica. Da tempo giaceva gravemente inferma una certa Teresa Gianbastiani di Vorno, che abitava sul confine tra il suo paese e Badia, e trovandosi più prossima a quest'ultima Chiesa parrocchiale, nei momenti di prossimo pericolo di vita, era solita chiamare il Rettore della Badia Rev.Lorenzo Papeschi. Questi, non curandosi della propria età avanzata, e nulla valutando i disagi dell'ora ed il rigore della stagione, più volte era accorso di notte al capezzale di questa donna per portarle il Santo Viatico (sacramento somministrato ai fedeli in punto di morte, quasi alimento spirituale con cui affrontare il viaggio nell'altra vita, dopo l'estrema unzione.)

I malfattori, ancora una volta sapientemente informati da alcuni fiancheggiatori di origine paesana (la bella e già nota e poco onorabile famiglia Francesconi?), designarono di trarre profitto da queste due ghiotte informazioni: sapere il parroco uomo facoltoso, e la possibilità di poter entrare bussando tranquillamente alla porta della Canonica.

La sera del 18 Febbraio di quell'anno, il Rettore Papeschi era in canonica, unitamente alla sua domestica Caterina Vannucci, entrambi settuagenari. Con loro vi era anche il sacerdote Giuseppe Giusti che si trattenne a veglia fino all'un'ora di notte, (*ordinotte* sostantivo composto: ora di notte), corrisponde all'Ave Maria, quando suona l'ultimo dei dodici rintocchi della campana della sera per segnalare l'ora del tramonto. Infatti quando Don Giusti uscì dalla Canonica per recarsi alla propria abitazione quell'ora suonò mentre si trovava sul piazzale di Badia. (Questa come vedremo in seguito è una precisazione importante al fine di valutare la gravità dei reati, perché se fatti di notte rendevano più grave la pena).

Per circa mezz'ora restarono soli nella canonica il Rettore e la serva Vannucci, recitando le preghiere della sera, quando ad un tratto vennero sorpresi da una voce maschile in tono lamentevole ed urgente proveniente dall'uscio chiuso che così si espresse: *"Presto presto Sig. Rettore, sta male Teresa Giambastiani"*. Ma al posto dell'uomo desolato che cerca aiuto caritatevole ed al quale fu "pronto a sorgere" il rev. Papeschi, si presentarono varie persone mascherate e bendate con l'aspetto di truci masnadieri. A loro si fece incontro la Vannucci che ebbe solo il tempo di gridare al Rettore che intanto in cucina si "calzava": "Sig. Rettore ci siamo!"

Due tra questi malfattori la legarono, la bendarono e la condussero in altra stanza, mentre altri si gettarono sul Rettore che, minacciato da stiletto, dovette cedere e ferito, fu legato e bendato assieme alla serva. Alla sua prima confessione di 36 scudi che teneva in una borsa di seta i malfattori non credettero che questo fosse il solo denaro che possedeva. Con minaccia di morte, a mano armata:
"Se non vuoi morire parla! O quattrini o la morte."
Trovarono poi in una sacchetta bianca altri 34 o 36 scudi che erano della Vannucci; e 240 scudi di pertinenza del Rettore ed infine 40 Francesconi spettanti ad un ex religioso ed altro denaro risultato dalla colletta detta della "Crociata", così che il denaro rubato ascendeva in complesso a circa scudi cinquecento.

Con leggerezza ed ingordigia insulsa, sottrassero anche altri oggetti: un orologio d'oro con cordoncino di seta e sigillo d'argento, un altro a due casse, di cui una d'argento e l'altra di sagrì (Sagrì o sagrino, pelle di pescecane coperta di minuti dentelli cutanei, atta a ricoprire oggetti ornamentali di pregio), una pistola lunga un terzo di braccio, un paio di fibbie d'argento- che servirono, poi, per documentare l'accusa ai tre masnadieri.

Interessante segnalare che a quel tempo vigeva il codice penale voluto da Maria Luisa Duchessa di Lucca, che con decreti fuori tempo, in base all'Art.381 imponeva la pena di morte agli individui colpevoli di furti commessi con il concorso delle seguenti cinque circostanze:

1) Se il furto è stato commesso di notte;
2) ...da più persone;
3) Se i colpevoli portavano armi palesi o nascoste;
4) Se commesso a mezzo di scasso,, di scalata o di chiavi false o qualificandosi per pubblici officiali;
5) ...se con violenza o minaccia di far uso delle armi.

Inoltre: chiunque abbia sottratto dalle pubbliche chiese, dalle sacrestie, cose destinate al servizio del Culto Divino, sarà reo di furto sacrilego e la pena sarà de' pubblici lavori a vita. Se al furto si univa anche la profanazione dell'Eucarestia la pena si aggravava con un apparato degno della Santa Inquisizione spagnola.

PARTE SECONDA

MARIO GIANNINI

(Il Maestro si è presa la polpa, descrivendo con arguzia e fine ironia i due misfatti più salienti...a me è rimasto l'osso!
Ho dovuto impegnarmi al massimo per non sfigurare troppo.
Mi auguro di esserci riuscito!)

Amici lettori

il caro amico Beppe Francesconi -chirurgo plastico di fama internazionale- tempo fa, mi concesse la lettura di due preziosi volumi che ci narrano con dovizia di particolari una celebre causa discussa e decisa dai tribunali criminali del ducato di Lucca anno domini 1845, invitandomi a commentare i truci misfatti compiuti due secoli orsono in diversi paesi della Controneria. Subito mi sentii onorato per un tale incarico, ma al tempo stesso avvertii anche un certo disagio, non ritenendomi in grado di poterlo assolvere con la dovuta perizia, per cui...passarono vari mesi ed il gravoso impegno sembrava ormai dimenticato.

Ma colui che pensa questo, non conosce Beppe: egli con la forza di una "ruspa"(che effettivamente maneggia ogni giorno) non mi ha mai mollato, ed allora, anche per non rischiare di interrompere una amicizia che esiste ormai dalla nostra gioventù, eccomi finalmente all'opera.

Elenco dei luoghi dove vennero compiuti i misfatti, in ordine non di gravità, ma puramente cronologico:

Il primo, con scasso esterno, avvenne nel Novembre 1839 all'abitazione della famiglia Barsotti a Marlia.

Il 18 Febbraio 1842 furto nella canonica della Badia di Cantignano, con minacce e violenza al Parroco Papeschi ed alla perpetua Vannucci.

Segue il 27 Luglio 1842 il furto nella sagrestia della chiesa di Castagnori eseguito da sei malviventi con scasso interno, notturno, sacrilego e con gravi minacce e percosse al Rettore, alla di lui sorella ed alla perpetua.

Nella notte del 23 Agosto '42 altro grave crimine compiuto da quattro malfattori a Vorno ai danni della famiglia Mennaccini nella loro casa situata isolata in una selva. Anche qui: furto notturno con minacce e percosse e addirittura con stupro di una fanciulla quindicenne!

Seguono i furti compiuti alla Rocca, Monti di Villa, San Pietro a Vico, Tereglio e Limano.

BAGNI DI LUCCA

Questo comune, che comprende numerosi paesi montani, giace nel profondo della valle scavata dalla Lima, e da secoli è noto in tutto il mondo grazie alle sue rinomate ed efficaci acque termali.

Il primo furto che ci viene riferito dalle "Croniche criminali", avvenne nella casa di abitazione della famiglia Citti posta in Sezione del Bagno, sulla via postale nel luogo detto " al Mulinetto."

Stranamente i "nostri" delinquenti per iniziare la loro criminale attività scelsero proprio Bagni di Lucca che notoriamente è sempre stata una dei centri più ricchi di tutta la lucchesia; forse spinti dalla cupidigia speravano di trovarvi un ricco bottino, ma non tennero conto del pericolo che rappresentarono poi per loro le intense indagini svolte dalla Real Carabinera immediatamente dopo il furto.

Come vedremo, a seguito di questo, i ladri operarono sempre in luoghi meno frequentati e più lontani dai grossi centri abitati.

Ma torniamo a Bagni di Lucca:

Al momento i proprietari non erano presenti in quanto avevano abbandonato, come erano soliti di farlo ogni anno nella stagione invernale, il paese natio per recarsi nel Gran Ducato di Toscana, lasciando la custodia della detta abitazione al compaesano Andrea Guidotti. Questi aveva chiuso la casa Citti nella sera del 4 Febbraio 1838, e nel successivo giorno 5 di buon mattino fu avvertito che una cassa era stata ritrovata in una vigna poco distante; dall'esame del contenuto risultò trattarsi di oggetti di proprietà dei Citti, per cui le indagini proseguirono all'interno della loro abitazione. Quella cassa era in lunghezza di circa 2 braccia, in larghezza due terzi, e fu trovata sfondata; quindi: scasso interno, in una abitazione, di notte, causato da due individui dopo scalata e scasso esterno. I due malviventi furono: Tommaso Bartolomei, soprannominato Barbanera, e Giovanni Nardi (l'Abataccio di Cocilia).

Non è stata descritta l'entità di detto furto: si è accennato ad un materasso con due guanciali, del denaro, alcuni vasi di rame ed altri oggetti... Probabilmente i due malviventi non riuscirono a trasportare tutto ciò che avevano rinvenuto; il fatto stesso di aver dovuto abbandonare poco distante quella cassa pesante ci fa capire che deve essere intervenuto qualche fatto nuovo a disturbare i loro progetti iniziali.

PIEVE dei MONTI DI VILLA

Situata a nord di Bagni di Lucca, sulla sponda destra del torrente Camaione, ad un'altezza di m.476 sotto il monte Coronato, con la Chiesa parrocchiale dedicata a San Giovanni Battista. Paese natale dell'esploratore Adamo Lucchesi,e dell'abate Matteo Trenta educatore e patriota.

Comunque i ladri non si scoraggiarono di fronte a questo primo scacco parziale, e li ritroviamo..."al lavoro", dopo appena sette mesi, il 2 settembre dello stesso anno alla Pieve dei Monti di Villa. Qui il furto avvenne verso le ore 6,30 del mattino, nel tempo della messa parrocchiale, ai danni dell'abitazione della famiglia Ricci in luogo detto "alla Costa". Basandosi su notizie circolanti in paese, secondo le quali il Ricci, avendo lavorato all'estero come "figurinista", possedeva una forte somma di denaro, i tre ladri approfittando dell'assenza dei proprietari che si erano recati a Messa, si introdussero nell'abitazione rompendo con un forte urto l'uscio che era chiuso, e sconvolsero da cima a fondo l'intera abitazione, riuscendo però a rimediare ben pochi denari.

Secondo l'accusa: Il furto avvenne con le "gravanti" di scasso esterno- ed interno- in luogo abitato-prodotto da più persone: queste erano: il Nardi, Tommaso Bartolomei, e Demetrio Prosperi.

MARLIA

Frazione oggi appartenente al Comune di Capannori, Marlia era all'epoca già un grosso centro agricolo con 1931 abitanti.

Dopo poco più di un anno la "banda" non dà tregua: eccoci ad un nuovo furto, questa volta a Marlia nella notte tra il 2 ed il 3 Novembre del 1939, ai danni dei fratelli Barsotti che in località Piaggiola abitavano in una casa con annessa bottega.

Risulta dal detto dei Barsotti...*che essi, seguendo il loro costume prima di coricarsi visitarono nella sera del 2 Novembre tutte le serrature interne della loro abitazione; alla mattina di poi giorno di Domenica, sul far dell'alba, quando le sorelle Barsotti uscirono di casa per recarsi alla prima messa parrocchiale trovarono socchiuso l'uscio principale della loro abitazione...Si accertò poi che i ladri erano entrati col valersi di un grosso trapano o trivellone per mezzo del quale furono fatti sei fori nel centro dello sporto di una piccola finestra procurandosi un'apertura sufficiente per introdurre una mano ed aprire la finestra stessa...*

Quindi l'Accusa segnalò: furto notturno-con scasso esterno-luogo abitato, compiuto da più persone.

Il ricavato: tabacco da fumare e da naso, della seta greggia e lavorata per valore di circa dieci scudi, dei filati in cotone ed in refe, e dei commestibili, tra i quali una vistosa quantità di cacio pecorino per circa libbre cento, varie monete ammontanti alla somma di dieci scudi...

TEREGLIO

Grosso paese situato sul monte fegatese ad un'altezza di m.518 a tre miglia a scirocco di Coreglia di cui era frazione, all'epoca contava 159 abitanti, ed ha come Patrono S. Maria Assunta.

Non abbiamo validi elementi per poter individuare il percorso che seguirono i due malviventi; due erano le mulattiere che permettevano loro l'accesso al paese: la prima scendendo da Montefegatesi fino ad attraversare il torrente Fegana, per poi risalire un lungo tratto di salita molto ripida, e la seconda partendo dalla provinciale a Calavorno e superando un dislivello di circa 400 metri. Difficile precisare il tempo impiegato dai malfattori, dovendo tenere presente che in quegli anni si era abituati a percorrere a piedi anche notevoli distanze, per cui si può calcolare un tempo di circa tre ore tra andata e ritorno.

Il furto avvenne tra il 4 ed il 5 dicembre 1838 ai danni di Prospero Barsotti e della serva Caterina Bartolomei abitanti in luogo detto in "Via piana". Anche qui dunque, come in molti altri casi, il furto fu eseguito di notte. Forse non sapevano che l'ora tarda comportava già una aggravante? Ma oltre a questa, vi furono giuridicamente molte altre aggravanti: luogo abitato, con scalata, con scasso esterno ,eseguito da più persone: **l'Alessandri ed il Fabiano.** Infatti la bottega che fu presa di mira formava un tutto unico con il casamento abitato dal Barsotti ,ed uno dei due ladri per introdursi si valse dell'aiuto di una colonna di castagno della lunghezza di oltre 5 braccia che utilizzò per salire sul tetto e farvi una buca della lunghezza di nove once e della larghezza di cinque, rimovendo alcune piastre o mezzane, dalle quali il tetto era ricoperto, per discendere nella bottega. Allo spuntar del giorno la bottega Barsotti, che era destinata a vendita di pannine, fu ritrovata aperta, dei guasti furono riscontrati nel tetto della fabbrica ove essa era situata, e fu quasi per intero svuotata.

LA ROCCA

Segue il furto alla Rocca, sezione di Borgo a Mozzano, situata sotto il Monte Bargiglio circa un miglio al disopra del Serchio, e a 5 miglia a maestrale di Lucca con una antica chiesa romanica dedicata a S. Maria Assunta ed una popolazione di 267 abitanti. Sulla sommità del colle accanto al lato destro della chiesa sono ancora ben visibili i resti del muro di cinta della Rocca come pure la base della vecchia torre(Vedi foto)

Qui il fatto avvenne tra il 5 ed il 6 Gennaio1840, era la notte della Befana! Tutto il paese era immerso nel silenzio e nella oscurità, nelle varie case i bambini dormivano felici, forse sognando l'arrivo della cara vecchina con il suo miccetto carico di doni.

Anche il vecchio parroco Don Andrea Bernardini, venerato dagli abitanti per la sua dolcezza e carità, e per la sua avanzata età, stava dormendo il sonno del giusto quando nel bel mezzo di quella notte fu destato dal rumore di persone, che clandestinamente si erano introdotte in canonica; levatosi dal suo letto vide farglisi incontro tre persone con lume, e celate nel volto con bende. A quel subitaneo assalto il Reverendo si ardì ad emettere un leggero grido di soccorso; ma gli venne tosto interrotto dai malfattori, ai quali dovette caldamente raccomandarsi gli risparmiassero la vita. Al grido emesso dal Rettore si destava pur anco la domestica Camilla Olivieri, anch'essa più che sessagenaria, e balzato il letto, credendolo oppresso da subitaneo malore, si accingeva, tal qual era, a prestargli pronti soccorsi. Ma dovette ben presto tra verecondia e terrore ricacciarsi nel suo letto che uomini armati si erano pure introdotti nella sua camera.

Avendo trovato ben chiusi dall'interno tutti gli usci esterni, i malviventi, per entrare nella Canonica, utilizzarono una scala della lunghezza di circa sei braccia che trovarono appoggiata ad un muro esterno. Con detta scala raggiunsero un finestrino che dovettero rompere per ottenere un passaggio sufficiente. Ecco quindi le aggravanti: furto notturno, con scalata e scasso esterno, in luogo abitato, condotto da più persone, con minacce agli abitanti. Il bottino ricavato consistette in una discreta quantità di denaro, ottenuto rompendo diversi cassetti nella camera del rettore (quindi si aggiunse anche lo scasso interno) vari oggetti tra i quali due orologi d'argento, una pistola, un prosciutto, e diversi oggetti sacri.

Autori di questo misfatto vennero imputati i due Bartolomei, ed il Nardi, l'Alessandri e il Prosperi.

MONTI DI VILLA

Questo paese montano appartenente al Comune di Bagni di Lucca è situato alla distanza di due Km. dalla Pieve omonima, ad un'altezza di circa 600 metri s.l.m. ed è costituito da tre diversi nuclei abitati.

Il furto avvenne agli inizi dell'autunno ai danni dei signori PIERI . Cominciava appena ad albeggiare quando questi al ritorno dalla Chiesa ove avevano assistito alla Messa ed alle sacre funzioni di quel giorno festivo, precisamente prima dell'alba del 8 Ottobre 1840, giunti alla loro abitazione in località *"al Botrione"* si accorsero che la loro casa era stata visitata dai ladri. Interessante quanto ci segnala la "Cronica":

"La ragione per la quale così sollecitamente si celebravano i divini uffici era perché i paesani avessero tempo bastante per la raccolta dei prodotti delle montagne..."

In effetti la raccolta delle castagne, che insieme alla pastorizia era la principale risorsa economica di tutti i paesi montani, richiedeva precise attenzioni: in particolare si doveva evitare che le castagne cadute rimanessero sotto la neve od esposte a gelate, in quanto la castagna congelata non è più utilizzabile neppure come farina; per questo la raccolta doveva avvenire rapidamente, per evitare il rischio di perdere il raccolto.

Ma torniamo alla cronica: come avvenne il furto? **I ladri utilizzarono una colonna di legno della lunghezza di quattro braccia e mezzo con l'aiuto della quale giunsero ad elevarsi sino ad una finestra, sfondata questa, e** *successivamente anche una porta interna, entrarono nella camera dei coniugi Pieri e qui sconvolsero e misero sossopra il letto, e tutta la stanza, ricavandone un ben scarso bottino, senza peraltro riuscire a trovare una borsa contenente quattrocento scudi in oro che il Pieri aveva nascosto nel saccone!*

Numerose le "gravanti" segnalate dall'Accusa: furto con scalata, in tempo di notte, in un'abitazione, con scasso esterno ed interno compiuto da più persone: il T.Bartolomei, il Nardi ed il Prosperi.

LIMANO

Sezione di Bagni di Lucca situata sul lato destro della Lima,(da cui il nome),a circa 5 miglia a greco del Bagno , ad un'altezza di 538 m. , all'epoca contava 78 abitanti. In quei tempi, percorrendo la mulattiera che dal torrente Scesta saliva a Cocilia e proseguendo da qui lungo un sentiero in lieve ma continua ascesa, dopo circa due ore di buon cammino si arrivava alla bella Chiesa di Limano che ha come Patrono la Madonna delle Grazie, nel piviere di Vico Pancellorum.

Possiamo facilmente immaginare quei due malviventi che si avvicinano furtivamente evitando di incontrare altri viaggiatori, grazie anche all'ora già tarda della sera ed alla scarsità di abitanti in quell'epoca; inoltre erano in grado di utilizzare i sentieri più nascosti e le scorciatoie, essendo uno dei due, il Nardi, nativo di Cociglia. Era la notte di Natale del 25-26 Dicembre dell'Anno Domini 1840, la Santa Notte era già stata devotamente festeggiata da tutti i paesani che adesso si erano ritirati nelle proprie abitazioni. Non si udiva alcun rumore. La Chiesa sorgeva isolata nelle tenebre, al suo interno era rimasto unicamente un forte odore di incenso. Nel silenzio più completo due ombre si avvicinarono alla porta principale della Chiesa: erano i due delinquenti, che in seguito vennero poi scoperti, il Nardi e l'Alessandri.

Essi, conoscendo che durante le feste natalizie vi era costumanza di esporre una lampada d'argento il cui valore ascendeva oltre agli scudi cento, intendevano introdursi nella Chiesa per derubarla. Lo "sfondo" fu opera del Nardi col mezzo di un suo grosso scalpello del quale egli si avvaleva per esercitare il suo mestiere di falegname. I danni operati alla porta principale della Chiesa risultarono poi i seguenti:

"Allo specchio inferiore dello sporto sinistro era stata tolta una tavola che ne formava la metà. La qual tavola essendo incollata da un lato con altra tavola anche questa era stata rotta, e guastata, formandosi così una buca che dava facile accesso a qualsivoglia individuo. Ma non riuscirono nel loro intento, non già perché essi volontariamente ne desistessero, o spaventati da opra sì nefanda se ne astenessero, ma solo perché il Parroco e l'operaro per quell'unica volta tennero racchiusa la lampada in altro luogo sicuro".

Si trattò quindi non di un furto, ma solo di un tentativo di furto, però l'accusa fu ugualmente implacabile e ne elencò tutte le aggravanti, lo definì infatti: *"scasso esterno, eseguito durante le ore notturne, da più persone con tentativo di furto sacrilego, e sottolineò che è già condannabile il solo tentativo, <u>anche se il fatto non è poi compiuto</u>".*

Gli Autori si sono recati a Limano per ottenere notizie in merito alla antica "Lampada d'argento."Qui hanno potuto intervistare la Signora BIAGI Adua che essendone la custode ha permesso loro di visitare la chiesa della Beata Vergine delle Grazie ed ha spiegato che l'antica chiesa che era stata costruita nel 1604 non esiste più. Con il materiale ricavato dalle sue rovine è stata ricostruita, sul medesimo luogo, la chiesa attuale che sorge isolata nella parte più alta del paese. La gentile Signora ha inoltre narrato che nell'ultimo secolo questa chiesa è stata più volte visitata da ladri che hanno sottratto quasi tutti gli antichi tesori di cui era ben ricca. Ultimamente è stata ricuperata una antica Croce Processionale ritrovata in alta Italia.

CASTAGNORI

Piccola frazione a 5 miglia a maestrale del Comune di Lucca, situata in collina sul lato destro del torrente Freddana, contava all'epoca 137 abitanti. Possedeva un tempo un Castello feudale del quale è rimasta solo una torre. Le misere abitazioni, alcune adibite a metati, sorgevano isolate in mezzo a folte selve di castagni. Lontano dalle Vie di grandi comunicazioni, il paese era accessibile unicamente attraverso mulattiere che iniziando da San Martino in Freddana si inerpicavano arditamente, tra muretti costruiti a secco, fino a raggiungere la sommità del colle ad un'altezza di circa 300 metri s.l.m. Queste mulattiere che erano il centro nevralgico della vita del paese erano percorse giorno e notte da schiere di somari (animali da soma),che trasportavano provviste, sacchi di castagne secche da distribuire nei vari mulini, e ritornavano con altri sacchi pieni di ottima farina dolce, essendo questa infatti la principale risorsa del Paese di Castagnori (da cui il nome).

Intanto siamo giunti all'estate del 1842, i malviventi sono ancora liberi ed agiscono nella notte del 27 Luglio 1842 circa alle ore 24 a Castagnori (o Castagnore), ai danni del Rettore Don Andrea Bianchi, della sua sorella Margherita Bianchi e della serva Giuditta Cerù, ed a danno della Chiesa Parrocchiale dedicata a San Tommaso Apostolo, nel **Piviere di Santo Stefano.**

Questo furto fu compiuto da ben sei persone,(cioè tutta la banda al completo) che si presentarono scalzi, armati e bendati, dichiarando di essere disertori (?) dicendo:

"State zitti zitti: se parlate vi bruciamo, vogliamo i denari, o la vita." Indi li bendarono e legarono strettamente. La Giuditta venne portata legata e bendata al piano superiore e gettata su di un letto, qui l'un malfattore aiutava l'altro nel duplice violento assalto al quale essa soggiacque, tenendole il coltello alla gola e minacciandola di morte. Che avvenisse alla misera donna, costretta a cedere, non sarà qui detto per la santità del luogo...

Per impadronirsi di diversi oggetti sacri, alcuni d'argento, e ben pochi denari, i malfattori sfondarono vari mobili che erano chiusi a chiave, incorrendo così nell'aggravante di furto con scasso esterno e interno, oltre a quelle di luogo sacro, con violenze commesse da più individui, in ore notturne.

Questa piccola chiesa della quale possiamo ammirare la bella facciata è stata costruita sul luogo dove esisteva una antica chiesa romanica della quale si ha notizia già alla fine del 900, ed era dedicata a San Lorenzo; di essa è rimasto unicamente il campanile.

Apriamo qui una parentesi con una breve nota per ricordare ai giovani cosa erano le mulattiere, e per sottolinearne il ruolo di importanza fondamentale che esse hanno svolto per la vita di intere popolazioni, in quanto hanno rappresentato per secoli l'unica via per raggiungere paesi o luoghi di difficile accesso. Per questo loro prezioso servizio dovremmo conservarle come veri e propri monumenti storici, testimoni di un lavoro durissimo, svolto per intero manualmente dall'uomo senza l'aiuto di complessi macchinari, utilizzando come materia prima la pietra, che è un materiale di durata praticamente illimitata, al posto del cemento che è destinato a tornare polvere. Invece oggi purtroppo da noi sono state lasciate nella più completa dimenticanza, e dopo appena mezzo secolo sono quasi completamente scomparse, o sepolte sotto una vegetazione selvaggia, o in qualche caso addirittura interrate. Per quanto riguarda la loro importanza storica non dobbiamo dimenticarci che gli antichi Romani eccelsero e si distinsero proprio nella costruzione di una fitta rete di arterie di grandi comunicazioni che, solcando per secoli l'intero loro territorio, risultarono utilissime sia per favorire lo sviluppo di attività commerciali e culturali sia per permettere, in casi di necessità, il rapido spostamento di truppe con adeguate vettovaglie. Nelle nostre campagne le mulattiere presero sviluppo a partire dal XVI secolo. Vere opere magistrali, venivano costruite impiegando grosse pietre per lo più di arenaria (note come pietre di fiume), che sul lato superiore offrivano una superfice piatta, ben levigata. Esse, disposte sul terreno incastonate con altre pietre simili, formavano un gradino di larghezza varia a seconda dell'importanza della strada, disposto sul suolo con una pendenza più o meno accentuata. Per sostenere poi questi gradini, ed anche per distribuire meglio l'acqua piovana, si utilizzavano dei grossi cordoli di pietra, lievemente sopraelevati, che venivano posti tra un gradino e l'altro. Di solito la distanza tra i cordoli veniva calcolata per una lunghezza corrispondente al "passo del mulo".

Riportiamo di seguito alcune foto di semplici mulattiere come pure di famose carrozzabili e di Vie Imperiali.

e come è ridotta adesso la famosa Vandelli

Un tratto della via Appia presso ROMA, risalente al I° secolo dopo Cristo.(Dalla rivista ARCHEO)

COMMENTI

I crimini dell'epoca che abbiano descritti erano per fortuna assai rari, ma suscitavano ogni volta grande clamore e diffusa deprecazione e timore in tutto il paese:

"A pochi sciagurati noi dobbiamo lo spavento che nacque e si diffuse fra noi quando, or sono circa tre anni, ciascuno tremava per le cose sue per la sicurezza delle proprie persone.La impunità fatalmente incontrata nei primi traviamenti eccitò a nuovi disordini. L'audacia andò crescendo a tal segno che ad estremi mali fu giuoco forza opporre estremi rimedi.Lo voleva la pubblica e privata quiete grandemente disturbata, lo volevano le leggi ripetutamente conculcate, lo voleva la guarentia il decoro medesimo del nostro paese".

Di fronte a questi fatti la REAL CARABINERA, che aveva l'obbligo di individuare e sorvegliare gli individui sospetti, svolse il suo incarico con lodevole impegno e perizia, ma le indagini risultarono estremamente complesse ed ardue in quanto si dovettero superare notevoli difficoltà: si pensi alla vasta estensione del territorio da sorvegliare, con una quasi completa assenza di mezzi di comunicazione, all'impervietà di molte località data la carenza di strade, sia infine a causa di una limitata o scarsa collaborazione di persone che spesso non fornivano utili informazioni, o per omertà oppure per timore di eventuali ritorsioni. Occorsero quindi alcuni anni prima di poter giungere all'arresto ed alla condanna di ben sette individui (più uno contumace) che vennero consegnati alla GIUSTIZIA con varie testimonianze ed accuse. Questa a sua volta ebbe l'obbligo di agire tempestivamente, ed essendo in uso in quell'epoca il vecchio e rigidissimo Codice Napoleonico dovette applicare condanne che si conclusero con una punizione massima, e per questa loro estrema gravità furono poi anche criticate da più persone.

Io non mi sento in grado di approvarle o criticarle, ma hanno suscitato in me questo interrogativo: la clamorosa condanna che ebbe così grande risonanza anche oltre i confini del Granducato, portò poi ai notevoli risultati sperati riuscendo ad impedire o almeno frenare la crescita della delinquenza?

Per una curiosa coincidenza vi fu un fatto nella mia famiglia che sembrerebbe dover rispondere negativamente a questa mia domanda:

A distanza di appena 15 anni da quella esemplare gravissima pena si verificò nel 1860 un nuovo identico crimine, a San Cassiano di Controni, con scasso esterno e con minacce, a danno questa volta del mio trisnonno Mariano Giannini.

Di seguito riporto quanto risulta dal diario di famiglia:

"correva il 1860 quando il sere Mariano di anni 77 nel cuor della notte fu svegliato all'improvviso e si vide a capo del letto due uomini incappucciati, uno a destra e l'altro a sinistra, che afferratolo per le braccia, gli dissero minacciosamente:

"Siamo quaranta assassini. Abbiamo circondato la casa. Alzatevi!"

Poi, così come era, in camicia, gli fecero scendere le scale e lo accompagnarono direttamente nello studio. Qui giunti i due furfanti gli ingiunsero di prendere le chiavi e di aprire lo stipo e quando lui, nella speranza di salvare un orologio d'oro che vi sapeva nascosto, si accingeva a prendere il denaro per consegnarlo, uno di essi con una spinta lo tirò da parte e si impadronì non solo del denaro che era in una ciotola ma anche dell'orologio che era seminascosto dietro allo sportello. Si fecero poi aprire la porta di casa che dà sul terrazzo e, intimato il silenzio, se ne andarono indisturbati.

Il povero vecchio, tremando ancora di paura e di freddo, si recò in camera della nuora e svegliatala le disse:
"Sapete ,Eufemia, ci sono stati i ladri!"
Questa immediatamente si alzò, ed insieme girarono per tutta la casa onde assicurarsi che le porte esterne e tutte le finestre fossero ben serrate; poi tornarono a letto, ma non chiusero occhio. La mattina dopo alcuni paesani recandosi presto alla prima Messa passando dalla strada videro che una finestra del secondo piano, dalle imposte sconnesse, era stata sfondata ed alla finestra stessa era ancora appoggiato un lungo palo di castagno. Eufemia e Mariano nella loro affrettata e spaurita visita notturna non avevano pensato a guardare in quella stanzaccia del secondo piano, disabitata e piena di attrezzi vecchi, e non si erano accorti di nulla, ma la paura fu tanta. La notizia del furto si sparse in un baleno per il paese e Mariano fu interrogato dai gendarmi ai quali aveva dovuto farne denunzia, ma, per amor della pace, o per timore di eventuali ritorsioni non volle suggerire nomi circa i probabili autori, gente del paese che forse egli aveva riconosciuto.

Ma torniamo al nostro processo che durò ben tre anni con l'intervento dei più celebri avvocati dell'epoca i quali si prodigarono in infinite arringhe sia per la difesa come per l'accusa, e che ebbe grande risonanza per tutta la Toscana ed oltre. Vi fu addirittura un pittore, un certo Baggi che eseguì il ritratto dei sette detenuti e dai dipinti vennero prodotte ben duemila litografie, che "andarono a ruba"!

Riteniamo interessante riportare di seguito con quale enfasi si concluse l'intervento dell'accusa:

"...Sovra il loro capo piombi dunque inesorabile la spada della punitrice giustizia da essi le tante volte oltraggiata, e vilipesa. A noi non è dato di poterne arrestare il colpo, o distoglierlo. Penoso è l'incarico della legge a noi addossato, piange il cuore al solo pensiero di dover pronunziare le tremende parole. Ma ne stà a fronte il dover nostro che severo c'impone di far tacere ogn'altro sentimento, che ci vuol fermi ed insensibili. La sola via che ci sia conceduto di battere è quella che per l'un lato è segnata dagli atroci fatti, dei quali gli accusati si rendettero colpevoli, per l'altro dalle severe ma giuste disposizioni della legge. Nella dolorosa lotta in che siamo posti per obbedienza al nostro dovere non ci riman dunque che concludere, in nome della società, e della legge oltraggiata, come concludiamo per la condanna dei detenuti...:

Dei sette processati il Giusti di anni 43 venne condannato ai lavori forzati ed il Francesco Prosperi di anni 72 venne assolto dalla Rota Criminale, mentre i rimanenti cinque furono condannati alla esecuzione capitale mediante ghigliottina.

Invece il capo della banda, il Bartolomeo Tommasi, essendo contumace, riuscì ad evitare la pena di morte, ed anche in seguito non venne mai arrestato, divenendo poi famoso sotto il nome de

"Il brigante Barbanera."

Questi, che era nato alla Pieve dei Monti di Villa, entrato nella leggenda, venne poi descritto come "brigante buono" estremamente intelligente e coraggioso, che sarebbe riuscito più volte ad evitare l'arresto grazie alla sua grande astuzia.

Probabilmente aveva trovato rifugio ed amicizia tra i caprai contronesi che erano soliti soggiornare spesso con le loro greggi nelle zone più impervie e boscose dell'alto appennino, dove le Forze dell'ordine non osavano addentrarsi.

ELENCO DEI 5 CONDANNATI ALLA PENA CAPITALE E CHE CADDERO SOTTO LA GHIGLIOTTINA:

 +++++ Giuseppe Alessandri (Cabala) agricoltore di anni 43

Nato a Colognora Valleriana

 +++++Giovanni Nardi (*Abataccio*) falegname di anni 36

Nato a Cocciglia

++++ Demetrio Prosperi(*Rosso*) agricoltore di anni 37

Nato a Monti di Villa

+++++Fabiano Bartolomei (*Faina*) mugnaio di anni 42

Nato a Monti di Villa

+++++ Pietro Giuliani (*Quere*) domestico di anni 48

Nato al Ponte San Pietro

Ricorrendo ancora a litografie dell'epoca, segnaliamo anche gli altri due componenti della banda che nel processo furono ugualmente condannati alla pena capitale, ma che riuscirono ad evitarla:

Natale Giusti imbianchino

Di anni 43 nato a Monti di Villa

(al quale la pena fu commutata in condanna ai lavori forzati).

Francesco Prosperi imbianchino (padre di Demetrio)

Nato a Monti di Villa   di anni 72

(graziato dalla Rota Criminale di Lucca)

Non siamo riusciti a rintracciare un'immagine anche dell'astuto contumace Tommaso Bartolomei alias il Brigante Barbanera.

CONCLUSIONE

Come risulta dalla lettura di queste antiche cronache, nel breve tempo di cinque anni vi fu nella Piana lucchese e nelle zone montuose vicine, un dilagare di furti e di minacce, con maltrattamenti ed anche percosse nei confronti di persone indifese e del tutto innocenti. Considerata questa triste situazione ritengo appropriato applicare anche per quell'epoca la famosa frase del saggio Cicerone: "Oh tempora oh Mores"
traducendola ed ampliandola:
"Che tempi che abitudini!".

"Oh che cattivi tempi oh che cattive abitudini"

Perché essa purtroppo si adatta perfettamente ai nostri "Tempora", in quanto anche oggi, nella nostra cara e "civile" Nazione, la delinquenza si è centuplicata ed ha raggiunto un livello talmente spaventoso sia per il numero dei crimini, sia in particolare per la loro efferata violenza e crudeltà per cui viviamo nuovamente nel medesimo clima di terrore. Tutti i giorni veniamo informati dai media di una serie sempre crescente di furti, scassi, attacchi a Banche, negozi, abitazioni, con sempre nuove minacce e percosse agli indifesi proprietari. Come se tutto ciò non bastasse, ci vengono inoltre segnalati orrendi delitti, spesso addirittura tra consanguinei, includendo anche innocenti bambini, addirittura neonati, senza alcun rispetto per eventuali vincoli di età, amicizia, o parentela. Forse ci sarebbe solo da augurarsi che, come avvenne in quell'epoca lontana, grazie alla "Real Carabinera" ed alla Giustizia, anche oggi la Polizia, e con essa la Legge, possano intervenire congiuntamente con rapidità ed in maniera drastica, per cercare di interrompere questa dolorosa serie di avvenimenti sempre più sanguinari e crudeli, permettendoci così di poter vivere serenamente.

Ma questa terribile situazione ormai è talmente nota che riteniamo superfluo aggiungervi altre parole.

Rimane però da rispondere a molte angosciose domande:

A cosa andremo incontro? C'è il rischio di un ulteriore peggioramento?

Un drastico intervento congiunto della Polizia e della Legge potrebbe interrompere questa serie di delitti sempre più crudeli?

O quale altro rimedio si può suggerire?

Perché i furtarelli descritti in questo libro, paragonati con la delinquenza moderna, ci appaiono oggi quasi come...novelline da bambini, e perché la nostra società in neanche due secoli è diventata così cattiva...?

Forse a causa delle due sanguinose guerre che ha dovuto superare?

O a causa della intensa mescolanza creatasi includendo persone di nazionalità, religione e costumi tanto diversi?

Penso che ogni lettore saprà rispondere al meglio a tutte queste domande, ma in veste di coautore sento l'obbligo di esprimere anche la mia modesta opinione.

Prima di tutto chiediamoci: quali erano all'epoca del racconto, specie nei piccoli e isolati paesi, i diversi e forse unici valori deputati alla educazione non solo dei bambini ma anche degli adulti?

In generale possiamo indicare: in primis il PARROCO, poi la SCUOLA e la FAMGLIA. Ora domandiamoci sinceramente: queste tre importanti istituzioni esistono ancora, o meglio: svolgono ancora esse il ruolo di educatori? E non mi riferisco ad una pura educazione scolastica, nozionistica, ma ad una educazione basilare che prepari i giovani ad assumere un giusto ruolo nella società futura, con il rispetto verso gli anziani ed i più deboli, evitando prepotenze ed ingiustizie, coltivando sane amicizie, smorzando le liti ecc. ecc.

La figura del vecchio parroco – e con lui tutta la tradizionale religione cristiana - stanno gradualmente scomparendo o quantomeno trasformandosi e perdendo prestigio ed autorità.

Anche le altre due componenti educatrici, per diversi motivi non sembrano più in grado di svolgere il loro compito, e così l'intera triade chiesa-scuola-famiglia che doveva e poteva assumere un ruolo fondamentale in campo educativo, per vari motivi, praticamente non esiste più. Ed allora come finirà questo povero paese in cui viviamo? Dobbiamo forse rassegnarci? Arrenderci?

No! Assolutamente No!

Non sono mai stato pessimista, devo riuscire a suggerire se non una soluzione, almeno una speranza...

Personalmente fin da ragazzo io ho sempre approvato il detto:

"Qui glaudio ferit glaudio perit"

"chi di spada ferisce di spada perisce",

e sono rimasto colpito dalla bella poesia del Pascoli, della quale riporto alcuni versi:

> **Pace fratelli e fate che le braccia**
>
> **c'ora o poi tenderete ai più vicini**
>
> **non sappiano la lotta e la minaccia**

Questo per sottolineare che per natura sono contrario ad ogni tipo di violenza e sono convinto che questa si possa eliminare solo con l'Amore!

E pertanto ritengo che non sia sufficiente affidarci esclusivamente alle Istituzioni, o pregare o sperare in un miracolo... penso piuttosto che ciascuno di noi invece di delegare abbia il dovere, anzi l'obbligo, di impegnarsi in prima persona, iniziando a creare nel proprio nucleo familiare come pure nell'ambiente di lavoro o nei rapporti con "l'altro" un piccolo "regno di Dio" (cioè un ambiente dove non esistano discordie, rancori, violenze, gelosie...ecc. ma solo amicizia, comprensione, amore e solidarietà...) solo così si potrà iniziare a frenare, arrestare e vincere la violenza con l'Amore.

Nel mondo abbiamo avuto molti campioni di antiviolenza, cito tra gli ultimi tre giganti del nostro tempo:

Madre Teresa di Calcutta, con la sua vita dedicata completamente ad aiutare i poveri ed i bisognosi,

il grande Papa Bergoglio, con la sua proclamazione dell'Anno della Misericordia, ed il nostro grandissimo missionario lucchese Fratello Arturo Paoli, recentemente scomparso, con le sue bellissime Omelie rivolte ad amorizzare il Mondo.

Ed allora Amici, vi esorto a seguire gli insegnamenti di questi tre grandi giganti del nostro tempo; se non vogliamo assistere alla fine di questo caro e povero Pianeta .

BASI DI APPOGGIO e FIANCHEGGIATORI

Sicuramente i delinquenti che vennero arrestati e, dopo un lungo processo, condannati alla ghigliottina ebbero nei loro luoghi di origine, come pure nelle diverse località dove essi compirono i loro misfatti, diversi fiancheggiatori che in segreto suggerivano loro utili informazioni in merito a dove e come agire, le difficoltà da superare, le ore migliori per intervenire, ed anche notizie più o meno certe sul valore degli oggetti e sulla probabile esistenza di denari da trafugare.

"Coinvolti in questi "maliaffari" vi furono anche molti ricettatori che una volta individuati comparvero in Giustizia sotto le sembianze di dolosi ricettatori di complici ex post facto".

Vennero anche individuati vari sospetti "informatori" e tra questi un certo Filippo Francesconi residente a Vorno fu la persona che venne maggiormente inquisita, ma nonostante le più accurate indagini non si riuscì mai ad accertarne in maniera sicura la colpevolezza.

Il 29 luglio 1845 a Lucca

Davanti ad una moltitudine enorme di persone giunte anche dalle città più vicine, sugli spalti davanti alla Porta San Donato caddero sotto la ghigliottina i cinque componenti della banda sopra elencati.

Fu l'ultima esecuzione a mezzo ghigliottina praticata in Toscana, e fu anche l'ultima volta che la orrenda macchina, che era stata appositamente trasportata a Lucca da Firenze, compì la sua macabra funzione; poco dopo infatti, in data 11 Ottobre a furor di popolo venne data alle fiamme e fu completamente ridotta in cenere, solo la sua lama- in acciaio-riuscì a salvarsi, ma per breve durata in quanto affondò poi nelle acque del Tirreno gettatavi da un solerte sacerdote.

AMEN

FINE

INDICE

Parte prima Prof. Giuseppe Francesconi

Vorno   pag. 7

Badia di Cantignano   pag. 10

Parte seconda Dott. Mario Giannini

Bagni di Lucca   pag. 17

Pieve dei Monti di Villa   pag. 19

Marlia   pag. 20

Tereglio   pag. 21

La Rocca   pag. 23

Monti di Villa   pag. 26

Limano   pag. 28

Castagnori   pag. 33

FINE

www.ingramcontent.com/pod-product-compliance
Lightning Source LLC
Chambersburg PA
CBHW071759040426
42446CB00012B/2630